# ABÉCÉDAIRE

# DE CHANT.

Les exemplaires non revêtus de la griffe de l'auteur et des éditeurs seront réputés contrefaits et poursuivis conformément aux lois.

**Musique imprimée**

PAR LES PROCÉDÉS DE TANTENSTEIN ET CORDEL,

90, rue de la Harpe.

Imprimerie MOQUET et HAUQUELIN,
90, rue de la Harpe.

# ABÉCÉDAIRE

## DE

# CHANT

SOUS FORME DE

## DEMANDES ET RÉPONSES,

PAR

## Joseph Mainzer.

DEUXIÈME ÉDITION.



PARIS,

CHEZ LANGLOIS ET LECLERCQ,

81, RUE DE LA HARPE.

1842

# PRÉFACE POUR LA DEUXIÈME ÉDITION.

Toute branche quelconque de l'éducation doit être proportionnée à l'âge de l'élève, au degré de force et d'intelligence qu'il a atteint. Pour rendre le chant accessible à toutes les différentes époques de la vie, j'ai dû modifier mon système d'enseignement, le rendre clair et praticable pour tous. L'accueil favorable qu'a reçu ma MÉTHODE DE CHANT POUR LES ENFANTS lui a assuré une place parmi les livres destinés à l'instruction de la jeunesse. On a reconnu que les nombreux exercices gradués qu'elle contient, ceux à deux parties, et surtout ceux qui sont écrits dans un mouvement inégal, étaient non seulement très utiles, mais encore fort attrayants pour l'enfance. Toutefois, il faut, pour les chanter, avoir déjà atteint un certain degré de force, que l'enfant de l'école pourrait facilement acquérir si tous les instituteurs des écoles primaires étaient en état de le diriger; mais malheureusement il n'en est pas ainsi, la plupart de ces professeurs n'ayant puisé leur éducation musicale que dans les écoles normales, où l'on a commencé à s'occuper de l'étude de la musique, mais où cet enseignement laisse encore beaucoup à désirer. J'ai senti qu'il était nécessaire d'obvier à cet inconvénient, et l'expérience m'a démontré que, quelque claire, quelque simple que fut ma Méthode pour les Enfants, elle n'avait pas, relativement aux instituteurs, atteint complètement son but. Le peu de théorie que j'y ai donnée a été confondue par le maître avec d'autres modes d'enseignement, et même par quelques uns avec les règles du plain-chant qui ne sont nullement applicables à la lecture de notre écriture musicale moderne.

Il devenait donc indispensable de s'occuper de l'enseignement de l'instituteur autant que de celui de l'élève; de simplifier les exercices, de rendre les règles plus précises et moins susceptibles d'être altérées. C'est pour y parvenir que j'ai écrit l'Abécédaire de Chant qui renferme de nouveaux exercices, tous à une seule voix, parce que l'enfant doit avoir déjà de l'assurance avant de pouvoir entendre exécuter une seconde partie sans se laisser troubler. De plus, j'ai pensé qu'il était utile d'écrire les principes par demandes et réponses, afin d'obliger le maître à suivre mon système en enseignant son élève. Il résulte de cette nouvelle marche que j'ai adoptée une amélioration notable pour les écoles, car l'enseignement en devient plus uniforme et plus facile pour le professeur. Les demandes une fois posées, il ne reste plus qu'à veiller à ce que les réponses soient bien comprises et bien appliquées aux exercices qui les accompagnent.

Afin de rendre plus attrayant encore ce petit livre musical, j'en ai fait plutôt un recueil de chants enfantins qu'une méthode. Aux premiers exercices à trois notes, j'ai déjà joint de petites phrases chantées dont la mélodie est composée des trois mêmes sons. A mesure que l'élève se renforce, les petites mélodies granlissent et la mémoire se remplit de pensées à la fois poétiques et musicales. C'est alors que l'enfant aborde, comme un nouvel appât, le chant à deux parties; la voix, plus raffermie, résiste à la séduction d'une seconde partie, et son oreille, après avoir d'abord senti le charme de la mélodie, est de nouveau frappée d'un charme plus puissant encore quand l'harmonie vient s'y associer. -

Ainsi, bien loin que le présent ouvrage rende inutile aux écoles celui que j'ai publié sous le titre : Méthode de Chant pour les Enfants, il prépare l'élève à se servir du dernier avec plus de fruit. La Méthode de Chant pour les Enfants doit donc être regardée comme la suite de l'Abécédaire, de même que l'École Chorale sert de complément à la Méthode pour les Enfants et à celles pour Voix d'Hommes. Ayant livré l'École Chorale à la publicité, je considère ma tâche comme terminée; j'ai parcouru dans l'enseignement musical, le cercle compreant tous les âges et tous les degrés d'instruction, depuis l'école primaire, les salles d'asile, bref, depuis l'abécédaire jusqu'à la plus haute exécution de la musique dramatique.

Il me reste une observation à faire aux instituteurs, relativement aux mélodies de ce recueil qui ont plusieurs couplets. Dans la langue française, les syllabes accentuées ne tombent pas toujours sur la même note dans les différents couplets. Il aurait fallu augmenter considérablement le volume de l'ouvrage si j'avais répété la mélodie pour chaque couplet; je ne l'ai fait que lorsqu'un trop notable changement était devenu nécessaire. Il restera donc au maître à surveiller lui-même ceux que je n'ai pas faits, et à les indiquer sur le tableau.

Joseph **MAINZER**.

# ABÉCÉDAIRE

# DE CHANT.

## CHAPITRE I.

### § 1.

#### DES SONS. — DES NOTES.

DEMANDE. *Comment appelle-t-on ce qui frappe l'oreille quand on entend de la musique ?*

RÉPONSE. Des **SONS**.

D. *De quoi se sert-on dans l'écriture musicale pour représenter les sons ?*

R. De signes qu'on appelle **NOTES**.

D. *Quelle est la forme de ces notes ?*

R. Ce sont des points ou des anneaux comme ci-après :

**D.** *Comment écrit-on les notes pour représenter les sons ?*

**R.** En les plaçant sur une échelle de cinq lignes horizontales :

**D.** *Comment appelle-t-on cette échelle ?*

**R.** On l'appelle **PORTÉE**.

**D.** *De quelle manière compte-t-on les lignes de la portée ?*

**R.** En commençant par la ligne inférieure, c'est-à-dire par celle d'en bas, de cette façon :

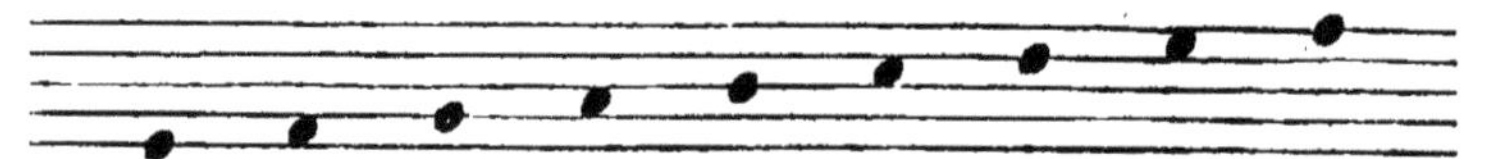

**D.** *Comment place-t-on les notes sur la portée ?*

**R.** On les place sur les lignes et entre les lignes, comme suit

**D.** *Dans quel ordre se suivent les sons que vous venez de représenter par des notes sur la portée ?*

**R.** Cette échelle de notes représente les sons se succédant par degrés du *grave* à l'*aigu*.

**D.** *Quelle est la règle générale que la voix doit suivre en chantant les sons indiqués par les notes ?*

**R.** La voix doit monter à mesure que les notes montent sur la portée, et descendre à mesure qu'elles descendent.

## § 2.

### NOMS DES NOTES.

**D.** *Comment distingue-t-on une note de l'autre ?*

**R.** On donne à chacune une dénomination différente :

**UT, RÉ, MI, FA, SOL, LA, SI.**

**D.** *Avez-vous suivi un ordre quelconque en énumérant le nom de ces notes ?*

**R.** J'ai suivi l'ordre invariable quand on part d'un son bas pour arriver par degrés à un son plus élevé.

**D.** *Ces noms suffisent-ils pour indiquer tous les sons dont la musique fait usage ?*

**R.** Ils suffisent, parce que cette série de noms se répète : UT, RÉ, MI, FA, SOL, LA, SI, UT, RÉ, MI, etc.

**D.** *Comment appelle-t-on la distance d'une note jusqu'à la note du même nom, dans une position supérieure ou inférieure, par exemple de UT à UT, de RÉ à RÉ, ou de LA à LA, etc. ?*

**R.** On appelle cette distance une **OCTAVE**, ce qui veut dire le huitième ton, ou degré.

## § 3.

### DES CLEFS.

**D.** *Dans la série de notes ci-après, laquelle porte donc le nom UT ? laquelle s'appelle RÉ ? laquelle MI ? et ainsi de suite.*

**R.** Telles qu'elles sont sur cette portée, elles peuvent prendre tous les différents noms. Pour déterminer le nom de chacune d'elles, il faut donner un nom à l'une d'entre elles.

**D.** *Comment le nom de toutes est-il déterminé quand on en connaît un seul ?*

**R.** Les notes se suivant toujours dans le même ordre: UT, RÉ, MI, FA, SOL, LA, SI, lorsqu'on en connaît une seule, on trouve facilement le nom de toutes les autres.

**D.** *De quelle façon peut-on déterminer le nom d'une note ?*

**R.** Par des signes qui indiquent que telle ou telle note se trouve toujours sur telle ou telle ligne.

**D.** *Comment appelle-t-on ces signes ?*

**R.** Des **CLEFS**.

**D.** *Combien de sortes de CLEFS y a-t-il ?*

**R.** Trois : La clef de **SOL**, celle de **FA**, et celle d'**UT**.

**D.** *De laquelle des trois se sert-on généralement pour les voix d'un timbre élevé, comme celles des femmes ou des enfants ?*

**R.** De la clef de *sol*.

**D.** *Quelle est la forme de la clef de SOL, et sur quelle ligne de la portée repose-t-elle ?*

**R.** Elle a la forme suivante, et se place sur la seconde ligne à laquelle elle donne le nom de *sol*.

**D.** *Si donc la seconde ligne porte la note* SOL, *quelle est la série les notes des autres lignes et entrelignes ?*

**R.** La série des notes se suit ainsi :

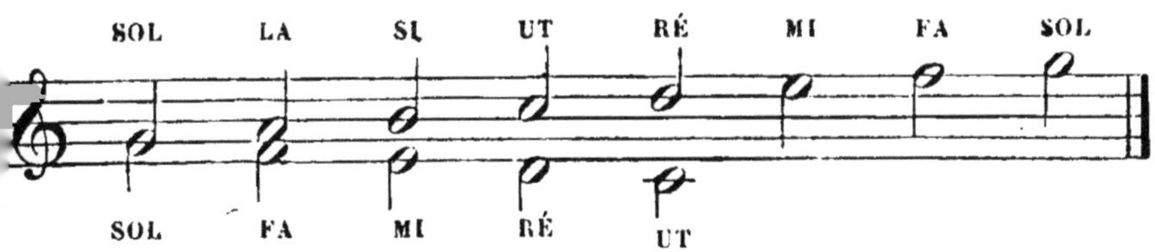


## § 4.

### DES TONS ET DES DEMI-TONS.

**D.** *Sur la portée, la distance d'une note à la note suivante est égale à l'œil ; en est-il de même des sons qui frappent notre oreille ?*

**R.** Non, la distance de *mi* à *fa* et de *si* à *ut* est moins grande que celle de *ut* à *ré*, de *ré* à *mi*, de *fa* à *sol*, de *sol* à *la*, et de *la* à *si*.

**D.** *Comment appelle-t-on la distance de* MI *à* FA, *de* SI *à* UT ?

**R.** On l'appelle **DEMI-TON**, en opposition avec les autres qu'on appelle **TONS**, ou **TONS ENTIERS**.

## § 5.

### EXERCICES DE CHANT.

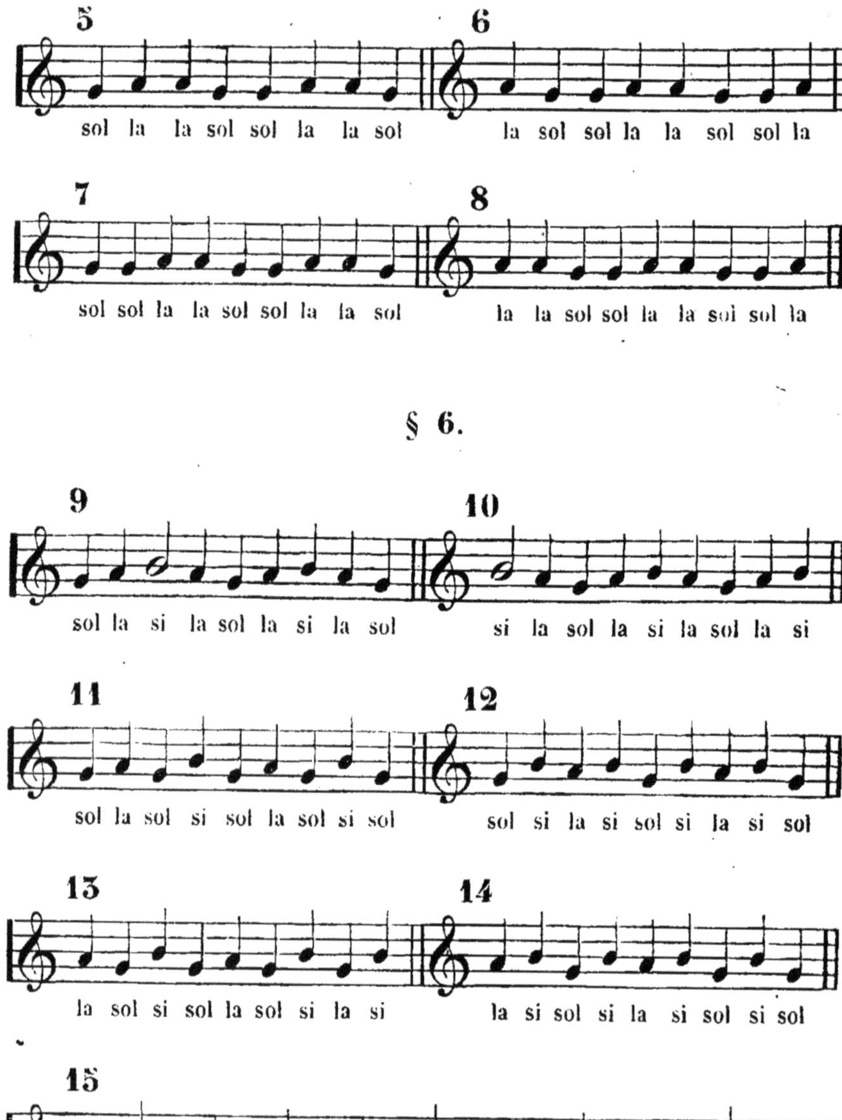

5
sol la  la sol sol la  la sol
6
la sol sol la  la sol sol la
7
sol sol la  la sol sol la  la sol
8
la  la sol sol la  la sol sol la
§ 6.
9
sol la si  la sol la si  la sol
10
si la sol la si la sol la si
11
sol la sol si sol la sol si sol
12
sol si la si sol si la si sol
13
la sol si sol la sol si la si
14
la si sol si la si sol si sol
15
si  sol  la  sol  si  sol  la  sol  si

# CHAPITRE II.

## § 1.

### EXERCICES.

## § 2.

11
sol fa sol la sol fa sol la sol fa
12
fa sol la sol fa sol la sol fa
13
la fa sol fa la fa sol fa la
14
15

## § 3.

16
sol fa mi fa sol fa mi fa sol
17
fa mi fa sol la sol fa mi fa
18
19
20
21
22
23
24
25
26
27

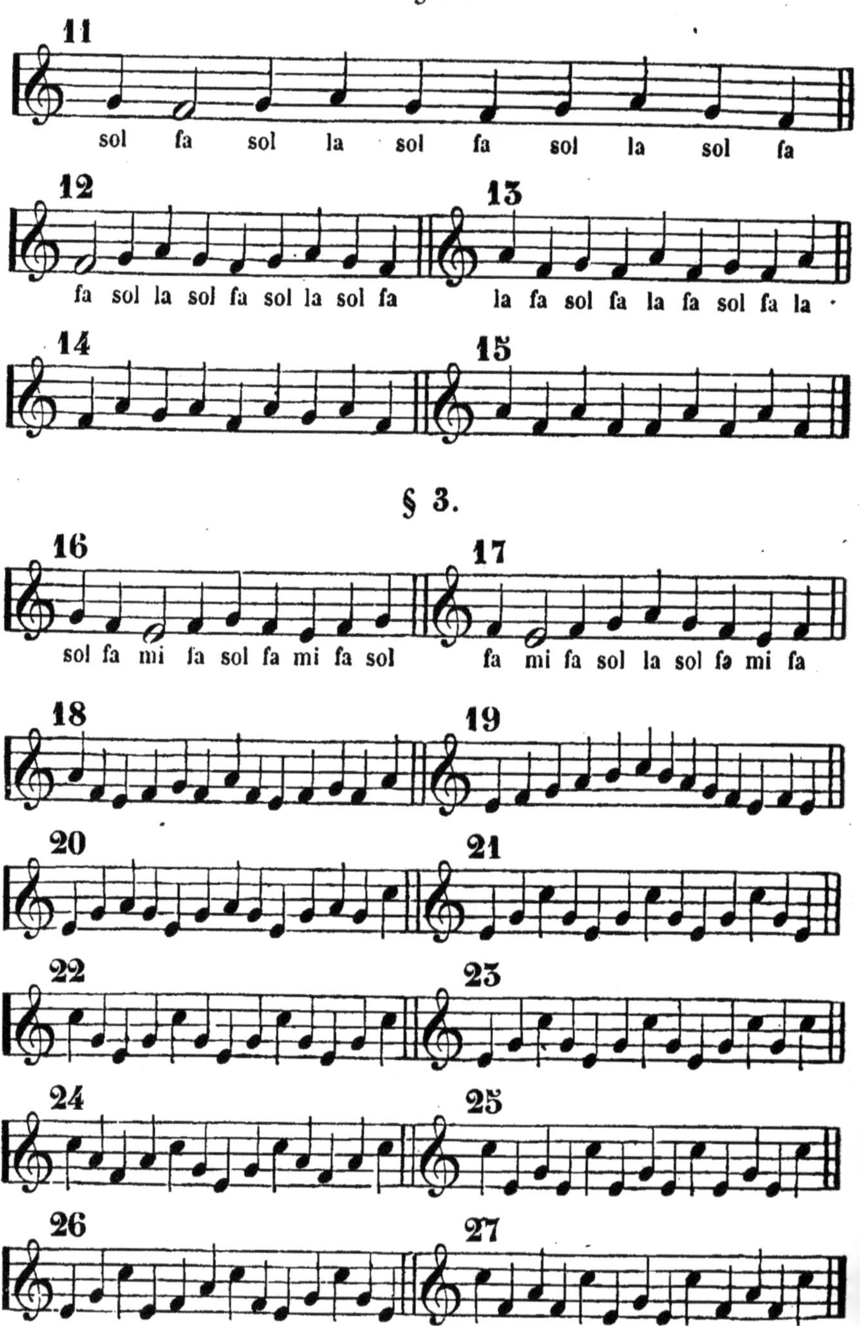

## § 4.

28

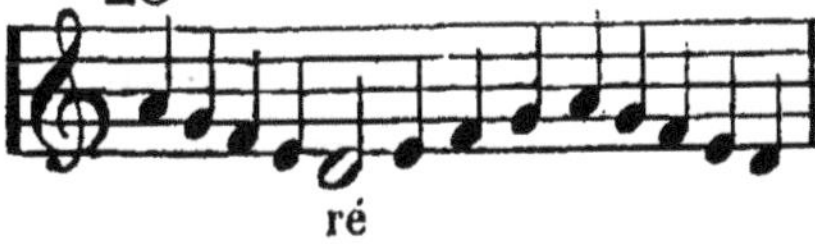


29

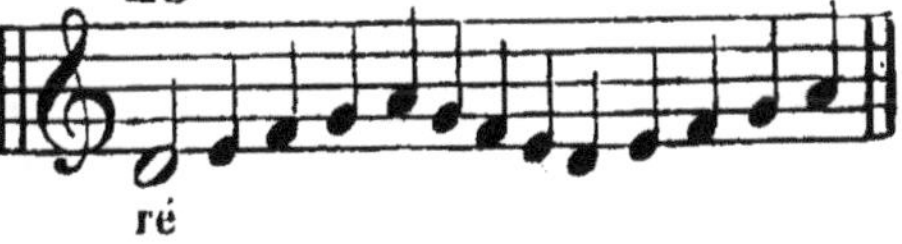


30

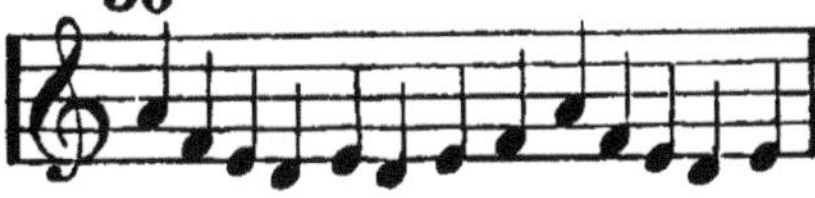

31

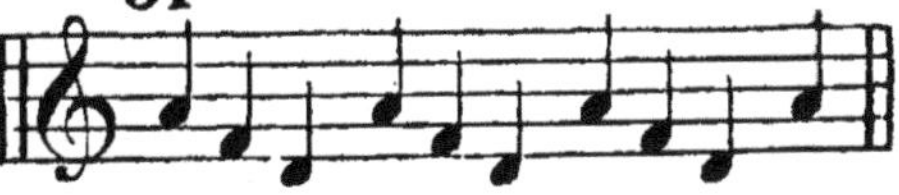

32

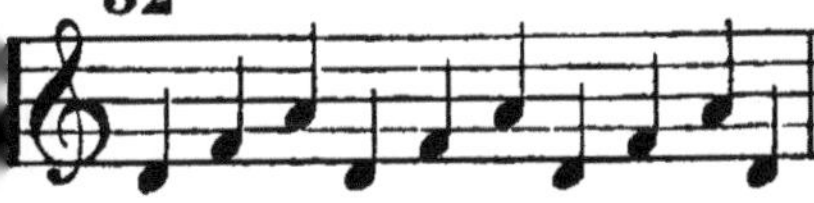

33

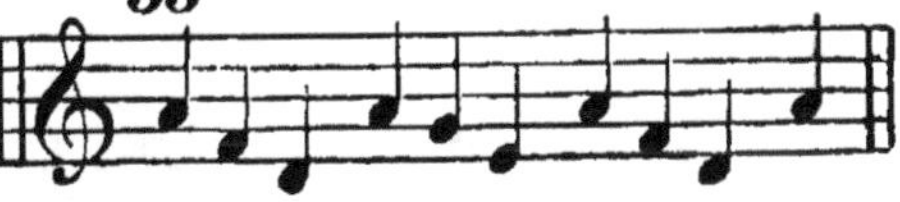

34

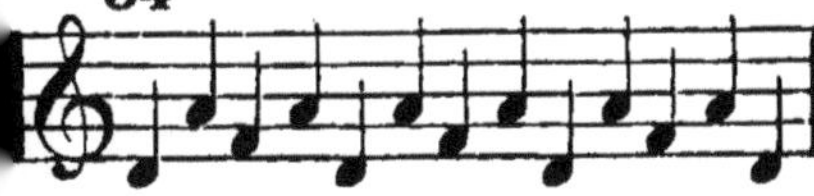

35

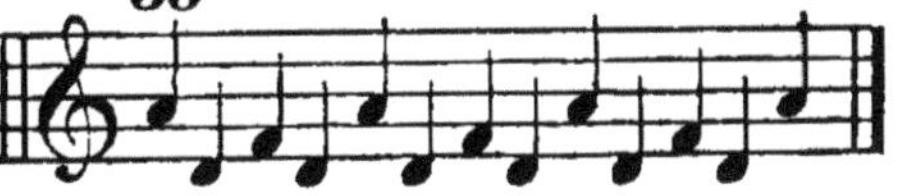

## § 5.

36

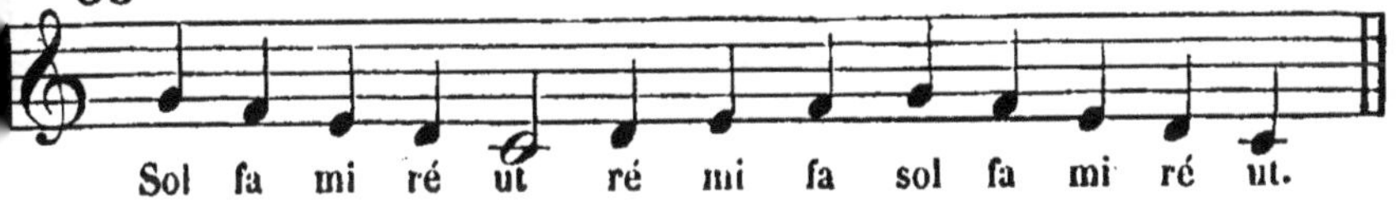


37

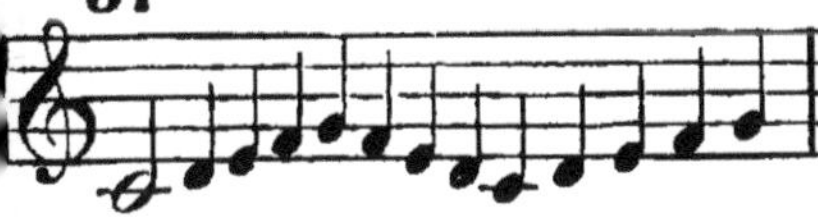

38

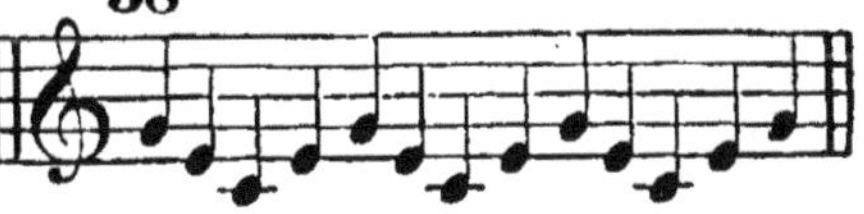

39

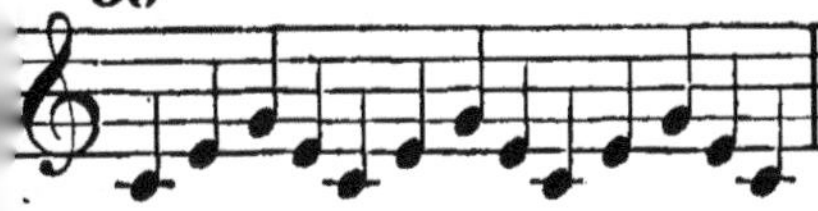

40

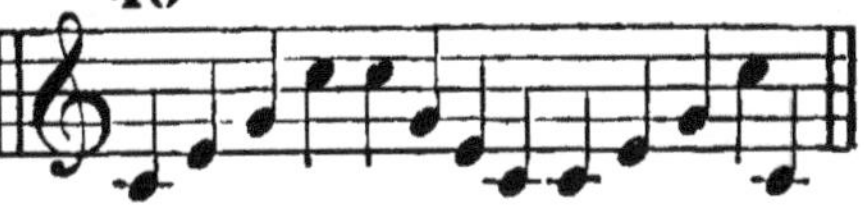

41

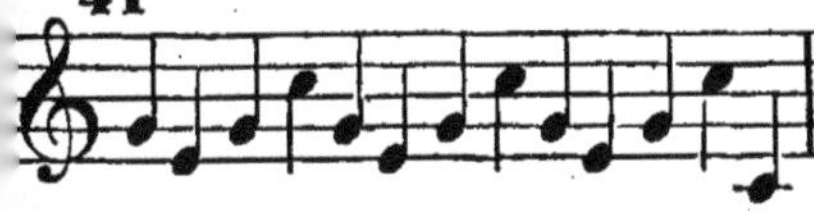

42

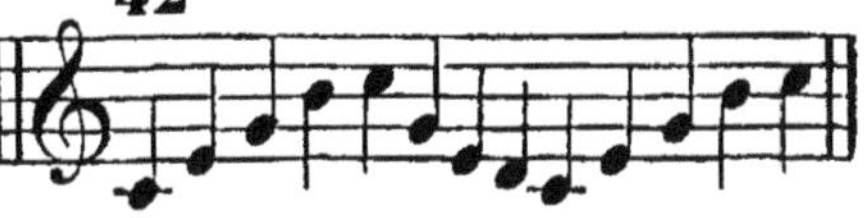

43

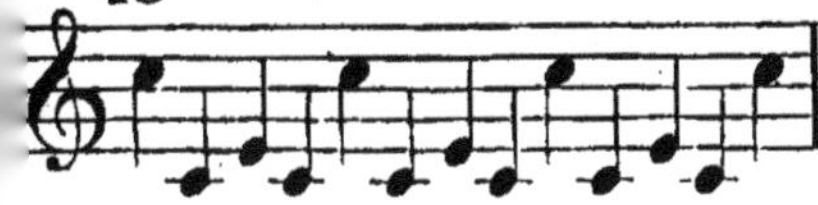

44

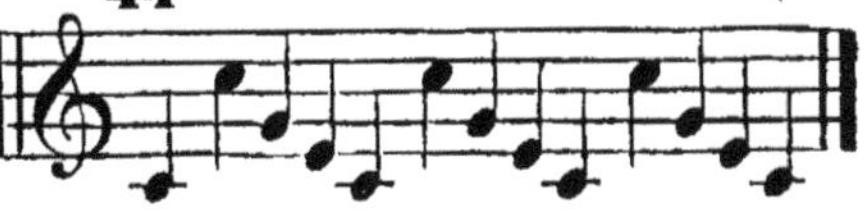

## § 6.

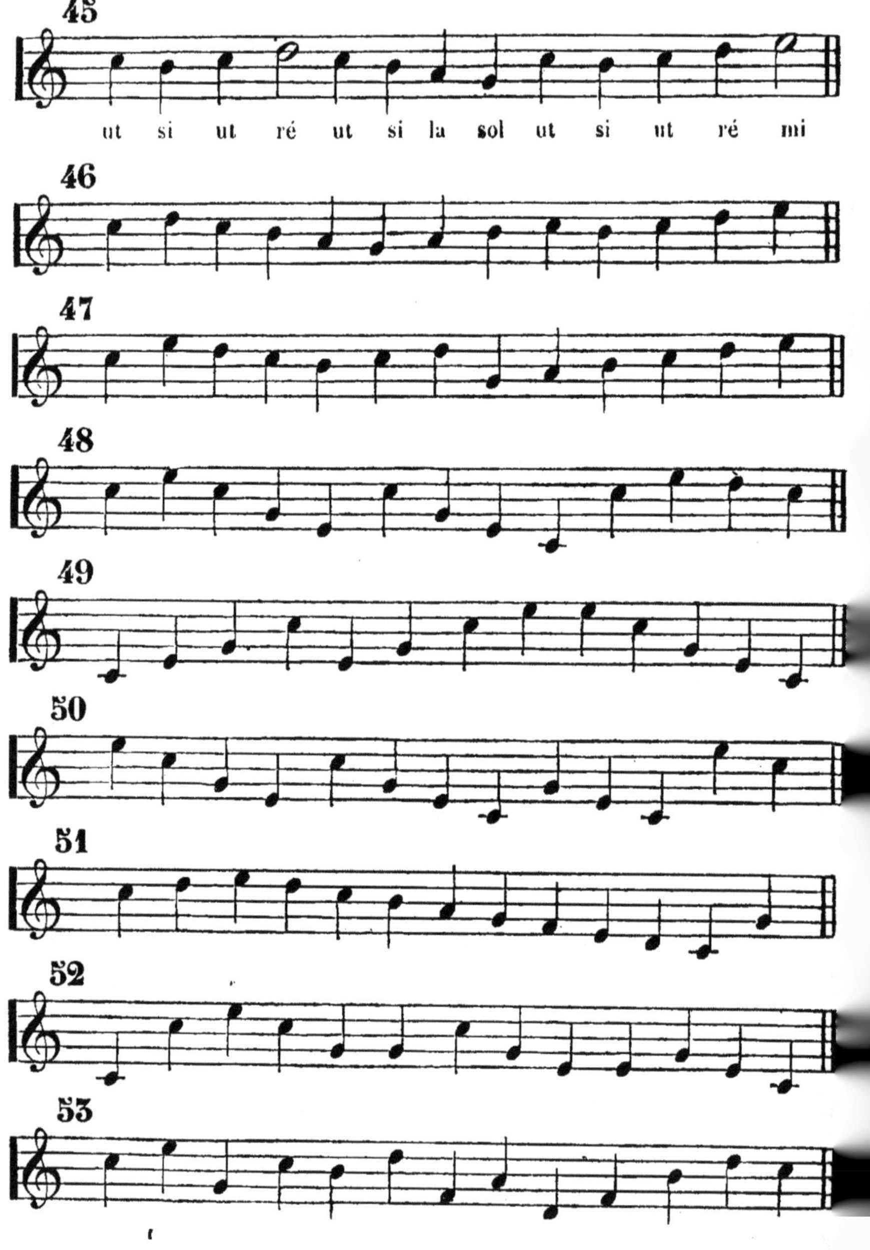

# CHAPITRE III.

### § 1.

### DES DIÈSES ET DES BÉMOLS.

**D.** *Nous avons trouvé, dans la série des sons UT, RÉ, MI, FA, SOL, LA, SI, deux demi-tons, de MI à FA, et de SI à UT ; n'existe-t-il pas d'autres demi-tons ?*

**R.** Oui. On les forme au moyen de signes que l'on place devant les notes.

**D.** *Combien y en a-t-il ?*

**R.** Trois :

Le **DIÈSE** ♯ qui hause la note d'un demi-ton.

Le **BÉMOL** ♭ qui baisse la note d'un demi-ton.

Le **BÉCARRE** ♮ qui remet la note dans son état naturel, c'est-à-dire comme elle était avant son déplacement par un dièse ou un bémol.

**D.** *Que signifie un DIÈSE ou un BÉMOL auprès de la clef, comme :*

**R.** Un ♯ ou un ♭ auprès de la clef signifient que la note marquée d'un de ces signes est diésée ou bémolisée pendant tout le morceau, ou jusqu'à ce qu'un ♮ vienne lui rendre sa place naturelle. Par exemple, le *fa* dièse à la clef indique que tous les *fa* qui suivront seront chantés d'un demi-ton plus haut. Le *si* bémol indique que tous les *si* du même morceau devront être chantés un demi-ton plus bas.

## § 2.

### EXERCICES.

# CHAPITRE IV.

## § 1.

### DE LA VALEUR DES NOTES.

**D.** *Les sons durent-ils aussi long-temps l'un que l'autre ?*

**R.** Non. Il y a des sons longs et des sons brefs.

**D.** *Comment distingue-t-on la différence de la durée des sons ?*

**R.** Par la forme des notes.

**D.** *Quelles sont ces diverses formes, et quels sont leurs noms ?*

1. 𝅝 . . . . . . . **Une Entière.**

2. 𝅗𝅥 ou 𝅗𝅥 . . . . . **Une Demie.**

3. 𝅘𝅥 ou 𝅘𝅥 . . . . . **Un Quart.**

4. 𝅘𝅥𝅮 ou 𝅘𝅥𝅮 . . . . **Un Huitiéme.**

5. 𝅘𝅥𝅯 ou 𝅘𝅥𝅯 . . . . **Un Seiziéme.**

6. 𝅘𝅥𝅰 ou 𝅘𝅥𝅰 . . . . **Un Trente-Deuxiéme.**

**D.** *Quelle est la valeur de ces différentes notes ?*

**R.** Leur valeur est indiquée par leur nom, savoir : une entière dure aussi long-temps que 2 demies, que 4 quarts, que 8 hui-ièmes, que 16 seizièmes, etc. Ainsi, dans le tableau suivant, la première note dure aussi long-temps que toutes celles contenues dans chacune des lignes qui suivent.

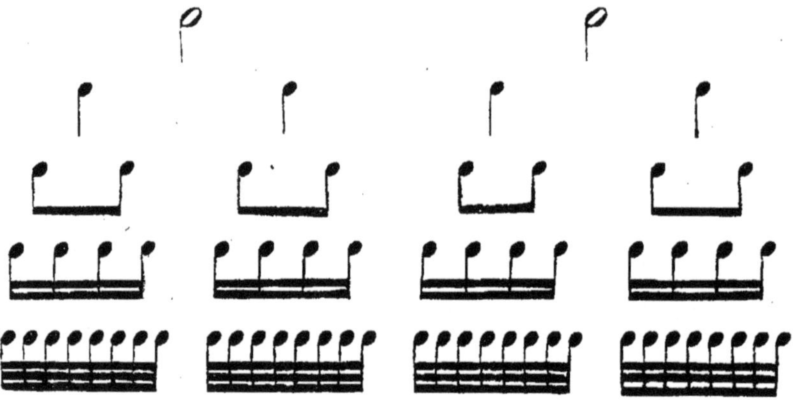

## § 2.

### DES PAUSES.

**D.** *En chantant, les sons se suivent-ils sans interruption, ou bien y a-t-il des moments de repos?*

**R.** La voix doit quelquefois s'arrêter.

**D.** *A quoi reconnaît-on que la voix doit s'arrêter?*

**R.** A des signes qu'on appelle **SILENCES** ou **PAUSES**.

**D.** *Y a-t-il des silences plus ou moins longs?*

**R.** Il y a :

1. . . . . . La **Pause Entière**.
2. . . . . . La **Demi-Pause**.
3. . . . . . Le **Quart de Pause**.
4. . . . . . Le **Huitième de Pause**.
5. . . . . . Le **Seizième de Pause**.
6. . . . . . Le **Trente-Deuxième de Pause**.

**D.** *Quelle est la valeur de la PAUSE entière?*

**R.** La pause entière dure aussi long-temps que la note appelée *entière*, et ainsi des autres.

———

# CHAPITRE V.

## § 1.

### DE LA MESURE.

**D.** *Quel avantage résulte-t-il de la connaissance précise de la valeur des notes et des pauses ?*

**R.** On peut, par cette détermination, diviser chaque morceau de musique en petites parties égales.

**D.** *De quelle façon cette division se fait-elle ?*

**R.** Par des barres perpendiculaires qui traversent la portée.

**D.** *Comment s'appelle ce qui se trouve entre deux barres ?*

**R.** Une **MESURE**.

**D.** *Et les barres elles-mêmes ?*

**R.** **BARRES DE MESURES.**

## § 2.

### DES TEMPS.

**D.** *Comment appelle-t-on les parties dont se compose une mesure ?*

**R.** On les appelle **TEMPS**.

**D.** *Les mesures sont-elles toutes de la même valeur ?*

**R.** Les mesures d'un morceau sont plus ou moins longues, suivant la valeur qu'ont les notes ou les temps qui forment les mesures.

**D.** *Quelles sont les notes qui composent les temps d'une mesure ?*

**R.** Généralement c'est la demie ♩, le quart ♩ ou le hui-
ième ♪

## § 3.

### DES MESURES SIMPLES

**D.** *Combien de temps peut contenir une mesure simple?*

**R.** Elle en contient **DEUX** ou **TROIS**.

**D.** *Comment donc forme-t-on une mesure à deux temps?*

**R.** Ou par la valeur de deux demies :

Ou par la valeur de deux quarts :

Dans le N° 1, la valeur de chaque temps est une demie, dont deux font une mesure. Dans le N° 2, la valeur de chaque temps est un quart, dont deux forment encore une mesure.

**D.** *Comment forme-t-on les mesures à trois temps ?*

**R.** Avec les mêmes notes; chaque mesure cependant contiendra trois temps au lieu de deux, par exemple :

La première est une mesure composée de 3 demies, la seconde de 3 quarts, et la troisième de 3 huitièmes.

## § 4.

## DES MESURES COMPOSÉES.

**D.** *Comment forme-t-on les mesures composées?*

**R.** Par deux, trois ou quatre mesures simples. Ainsi, en supprimant la barre qui sépare deux mesures de 2 quarts, on obtient une mesure de 4 quarts.

**D.** *Quelles mesures peut-on composer de celle à trois temps?*

**R.** De la mesure à 3 temps on peut composer celle de 6 quarts :

De deux mesures à $\frac{3}{8}$ on forme une mesure de $\frac{6}{8}$. Exemple :

De trois mesures de $\frac{3}{8}$ on forme celle de $\frac{9}{8}$. Exemple :

De quatre mesures de $\frac{3}{8}$ celle de $\frac{12}{8}$. Exemple :

## § 5.

## INDICATION DE LA MESURE.

**D.** *Comment reconnaît-on dans quelle mesure un morceau est écrit?*

**R.** En comptant la valeur des temps et leur nombre.

**D.** *De quelle façon indique-t-on le résultat de cette recherche ?*

**R.** Par des chiffres posés en fractions, par exemple $\frac{2}{4}$ : le chiffr inférieur indique la valeur du temps, qui est un quart, ét l chiffre supérieur qu'il en faut deux pour faire une mesure.

Il en est de même avec les mesures de :

$$\frac{4}{4}, \ \frac{2}{2}, \ \frac{3}{2}, \ \frac{3}{4}, \ \frac{3}{8}, \ \frac{6}{4}, \ \frac{6}{8}, \ \frac{9}{8}, \ \frac{12}{8}.$$

**D.** *Ne se sert-t-on pas encore d'autres signes ?*

**R.** Pour la mesure de $\frac{4}{4}$ on se sert aussi de ce signe $\mathbf{C}$, et pou celle de $\frac{2}{2}$, d'un $\mathbb{C}$ ou d'un $\mathbf{2}$.

**D.** *Où place-t-on ces chiffres ?*

**R.** En tête des morceaux.

## § 6.

### DE L'ACCENTUATION.

**D.** *Quel effet produit sur notre oreille la division d'un morceau musique en parties égales ?*

**R.** Cette division nous fait remarquer le retour régulier d'u note qui se fait sentir de préférence par une accentuation pl forte.

**D.** *Quelle est cette note plus accentuée ?*

**R.** C'est toujours la première de chaque mesure.

**D.** *Comment appelle-t-on cette partie de la mesure ?*

**R.** On l'appelle le **TEMPS GRAVE** ou **TEMPS FORT**, p opposition avec les autres qui sont nommés **TEMPS LÉGE** ou **TEMPS FAIBLES**.

**D.** *Une mesure n'a-t-elle qu'un seul temps fort, ou peut-elle avoir plusieurs ?*

**R.** Les mesures simples n'ont qu'un seul temps fort, le premier; les mesures composées en ont autant qu'elles contiennent de mesures simples; par exemple: la mesure de $\frac{9}{8}$, composée de trois mesures de $\frac{3}{8}$, a trois temps graves.

dont cependant le premier est le plus grave.

---

# CHAPITRE VI.

## § 1.

### EXERCICES.

**6**

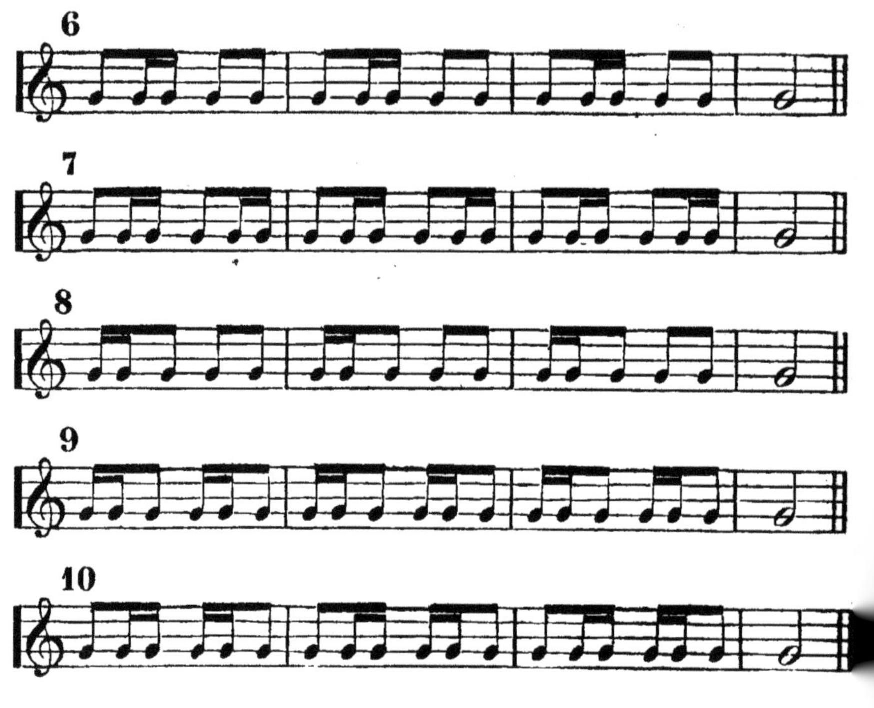

**§ 2.**

**11**

15
16
17
18
19
20
21
22

## § 3.

**31**

**32**

**33**

**34**

**35**

**36**

**37**

**38**

## § 4.

### EXERCICES AVEC PAROLES.

# CHAPITRE VII.

## § 1.

### EXERCICES.

## § 2.

### EXERCICES AVEC PAROLES.

**15**

**16**

**17**

**18**

L'or - me su - per - be, Et le brin d'her - be, E -
- ga - le-ment ré - vè -lent la gran - deur Du Cré - a - teur.

Ni l'or, ni la gran - deur ne nous ren - dent heu -
-reux, Ne nous ren - dent heu - reux.

Quand la cail - le, dans les é - pis, Va bu -
- ti - ner pour ses pe - tits, Chas - seur, n'en-ten-dez pas ses
cris, Chas-seur, chas - seur, n'en - ten - dez pas ses cris.

**19**

**20**

# CHAPITRE VIII.

## § 1.

### EXERCICES.

9
10
§ 2.
11
12
13
14
15
16

17
18
19
20
21
22
23

## § 3.

### EXERCICES AVEC PAROLES.

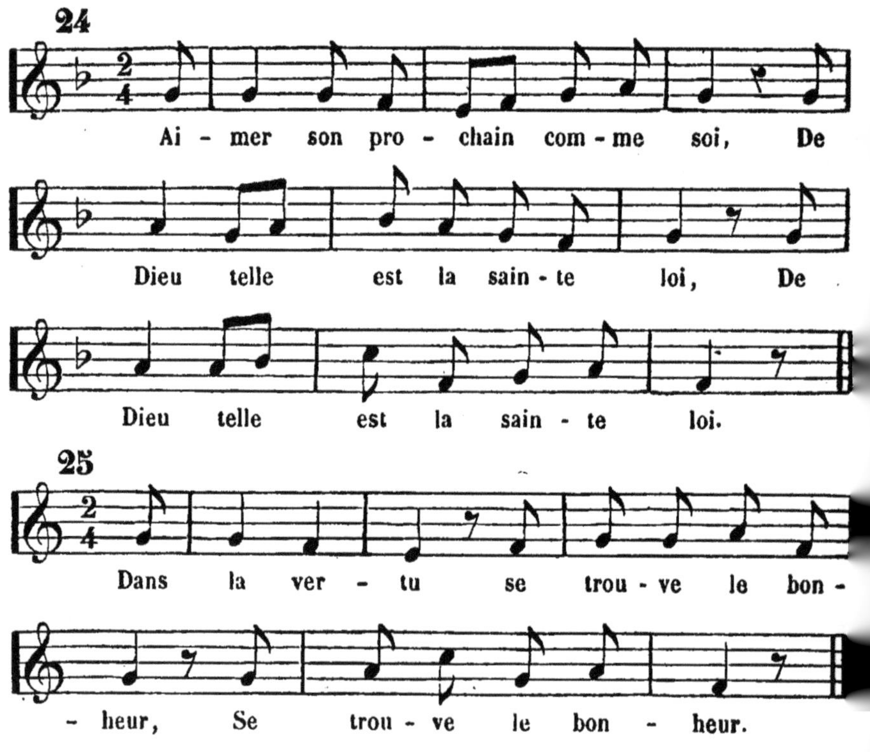


## § 4.

### EXERCICES.

**28**

**29**

**30**

**31**

**32**

**33**

## § 5.

### EXERCICES AVEC PAROLES.

# CHAPITRE IX.

## § 1.

### EXERCICES.

6
7
8
9

## § 2.

### EXERCICES AVEC PAROLES.

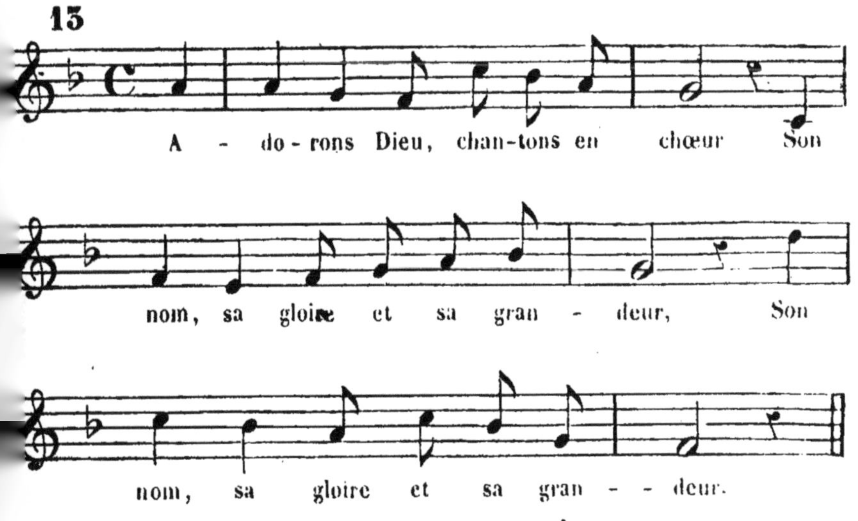

14
Ce que tu sè - mes i - ci bas, Là -
- haut tu le re - - cueil - le - - ras.

15
Tout an - non - ce d'un Dieu l'é - ter - nelle ex - is-
- ten - ce; On ne peut le com - prendre, on ne
peut l'i - gno - rer; La voix de l'u - ni -
- vers an - non - ce sa puis - san - ce, Et la
voix de nos cœurs dit qu'il faut l'a - do - rer.

# CHAPITRE X.

## § 1.

### DES LIAISONS.

**D.** *Quel moyen emploie-t-on, dans l'écriture musicale, pour doubler, tripler, quadrupler la valeur des notes.*

**R.** Les **LIAISONS**.

**D.** *Que signifie une liaison entre deux, trois notes ou davantage, comme :*

**R.** Par ces liaisons les quatre notes n'en forment plus qu'une seule qui a la valeur des quatre.

**D.** *Peut-on lier de cette façon des notes de différente valeur ?*

**R.** Oui ; on peut lier des notes ainsi :

## § 2.

### DES POINTS.

**D.** *N'y a-t-il pas un autre moyen de prolonger une note ?*

**R.** On place un **POINT** après la note

**D.** *De combien le point prolonge-t-il la valeur d'une note ?*

**R.** De la moitié de sa valeur. Ainsi :

**D.** *Que signifie deux points après une note ?*

**R.** Le premier prolonge la note de la moitié de sa valeur, le second de la moitié du premier point :

**D.** *Que signifie un point avec un arc sur une note, ou sur u pause ?*

**R.** Il indique qu'il faut prolonger la note on la pause bi au-delà de sa valeur. Il arrête le mouvement de la mesure prolongeant soit la note soit la pause.

**D.** *Comment appelle-t-on ce signe ?*

**R. POINT D'ORGUE.**

## § 3.

### EXERCICES.

## § 4.

### EXERCICES AVEC PAROLES.

**12**

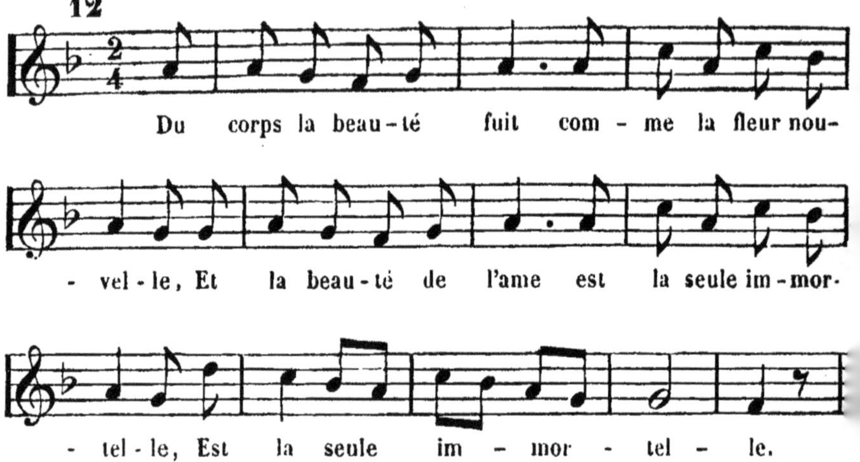


## § 5.

### EXERCICES.

**13**

**14**

**15**

**19**

**20**

**21**

## § 6.

### EXERCICES AVEC PAROLES.

**23**

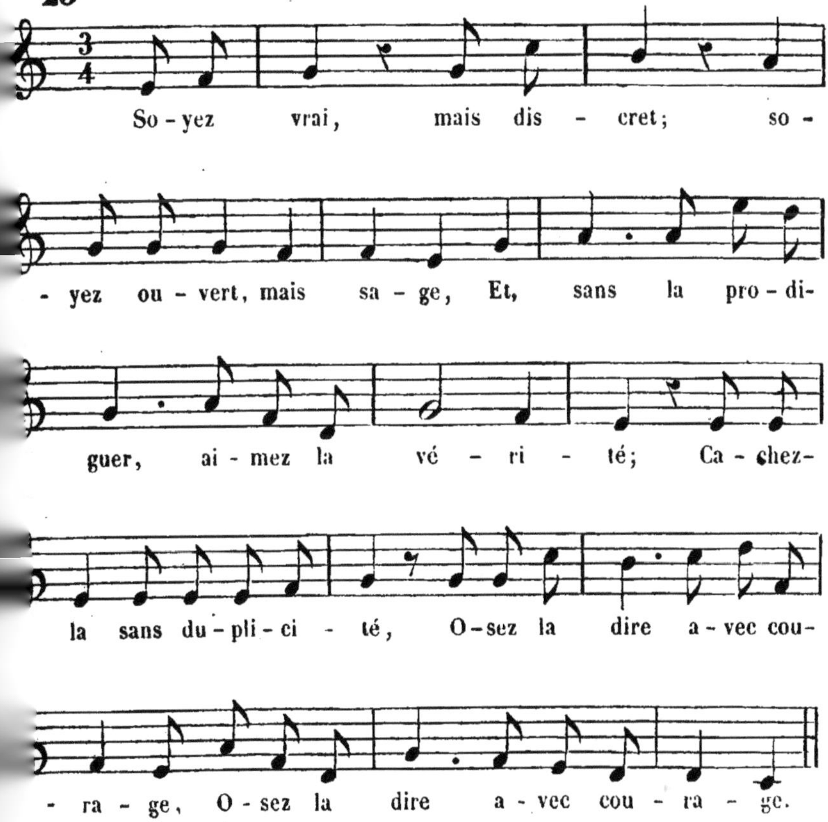

24
Qui s'é - lè - ve trop s'a - vi - lit; De la
va - ni - té nait la hon - te; C'est par l'or - gueil qu'on est pe -
- tit, On est grand quand on le sur - mon - te.

## § 7.

### EXERCICES.

25
26
la
la
la

**27**

**28**


**29**


**30**

## § 8.

### EXERCICES AVEC PAROLES.

# CHAPITRE XI.

## § 1.

### EXERCICES AVEC DES PAUSES.

§ 2.

14
15
16
17

18
19
20
21

## § 3.

### EXERCICES AVEC PAROLES.

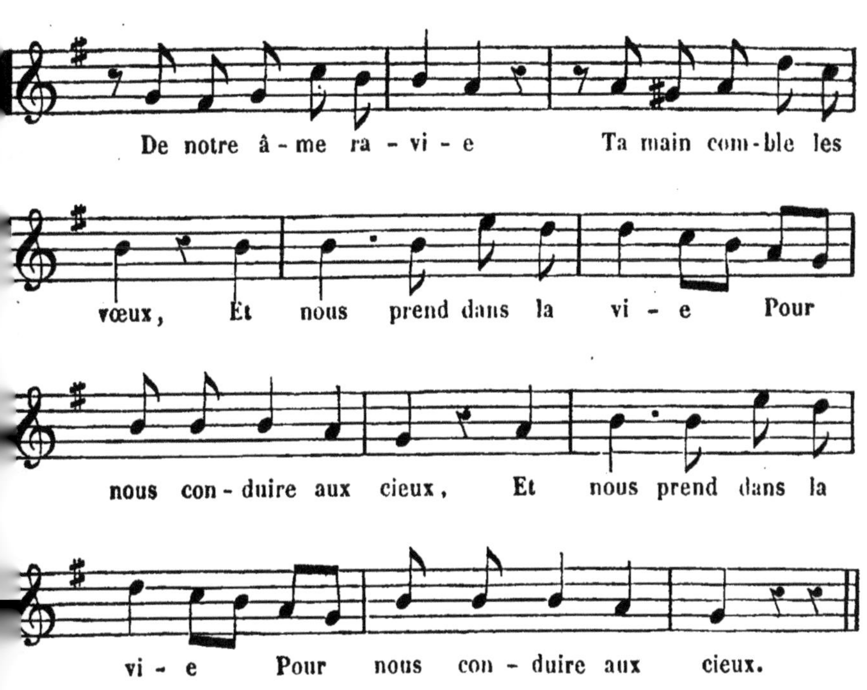


## L'HIRONDELLE.

**24**

la bien-ve-nue et jou — is Des biens que le printemps nous
don - ne, Car, dès qu'ils sont é - va-nou - is Ton
vol pres-sé nous a-ban - don - ne. Où vas-tu donc si loin de
nous ? Tu vas dans de bel - les con - tré - es Qui
n'ont que des jours purs et doux, Qui de fleurs sont toujours paré - es ! Que ne suis-je hi-rondelle ! au loin J'i -
rais, aux lieux où tu te po - ses, Vivre aus - si, li-bre de tou
soin, D'a - - zur et du par - fum des ro - ses.

# LA BRANCHE D'AMANDIER.

# CHAPITRE XII.

## § 1.

### EXERCICES.

7
8
La
9
La
la
la
la
la
la

10
La
la
11
la
la
la
la

## § 2.

## EXERCICES AVEC PAROLES.

**12**

**13**

14
Des té - nè - bres l'au - rore a dé -
- chi - ré les voi - les, c'est Dieu qui les con -
- duit ; La nuit at - tache au ciel d'in - nom -
- bra - bles é - toi - les, C'est Dieu qui fait la
nuit, C'est Dieu qui fait la nuit.
15
Pour for - - mer un bou - quet de
fleurs, Sa - chons mé-lan-ger les cou - leurs, Sa -
- chons mé - lan - ger les cou - - leurs.

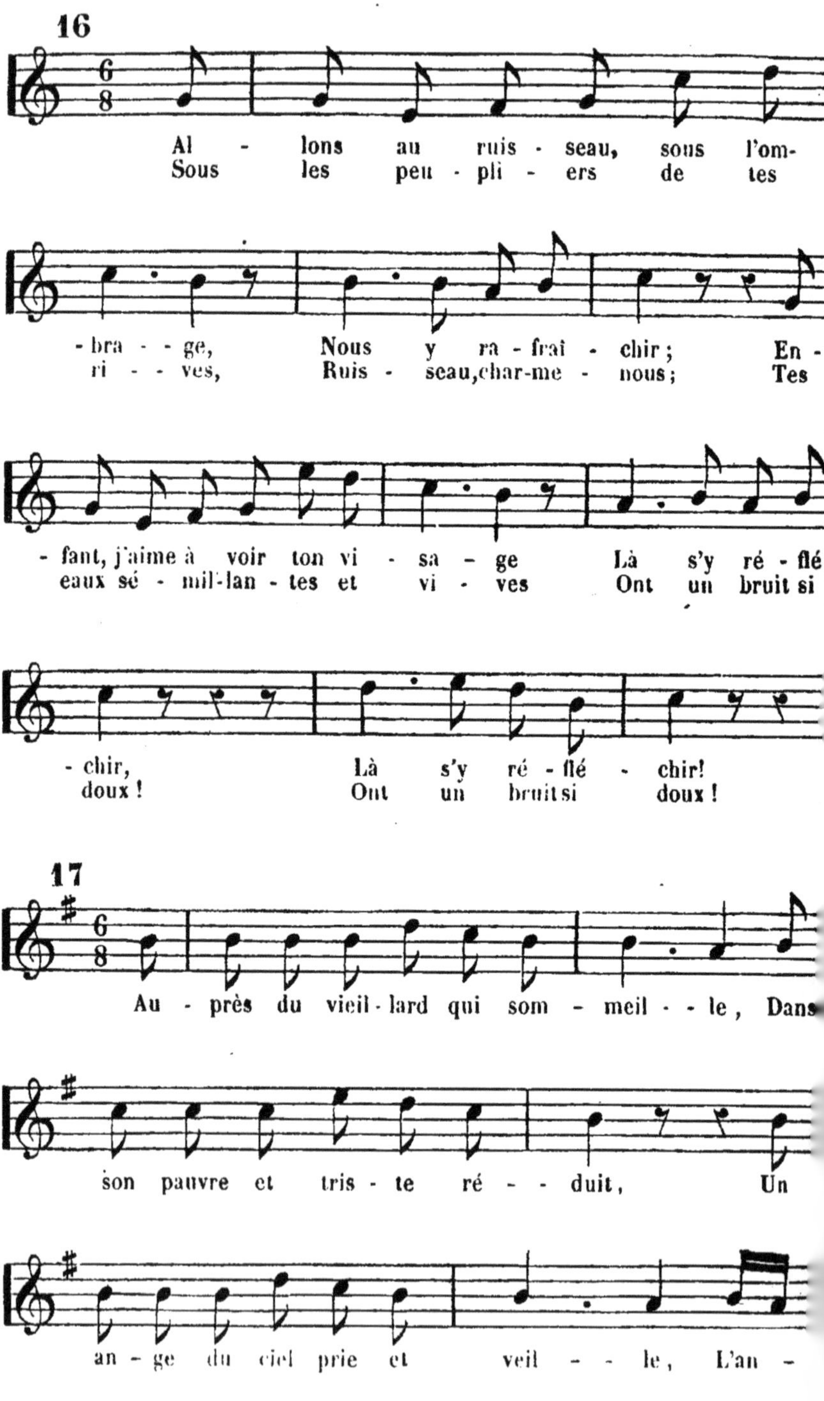
16

Al - lons au ruis - seau, sous l'om-
Sous les peu - pli - ers de tes

- bra - ge, Nous y ra-frai - chir; En-
ri - - ves, Ruis - seau,char-me - nous; Tes

- fant, j'aime à voir ton vi - sa - ge Là s'y ré - flé
eaux sé - mil-lan - tes et vi - ves Ont un bruit si

- chir, Là s'y ré - flé - chir!
doux ! Ont un bruit si doux !

17

Au - près du vieil - lard qui som - meil - le, Dans

son pauvre et tris - te ré - duit, Un

an - ge du ciel prie et veil - le, L'an -

- ge que la Pi - tié con - duit, L'an - ge que la Pi - tié con -
- duit. Cha - ri - té, vier - ge d'es - pé -
- ran - - ce, An - ge d'a - mour et de dou -
- leurs ! Ta voix a cal - mé sa souf -
- fran - - ce, Ta main es - suie en - cor ses
pleurs, Ta main es - suie en - cor ses pleurs !
18
Le tam - bour qui bat Nous ap -
- pelle au com-bat, Al - lons, sol-dats, Doublons le pas.

**19**

Vo - - le, vo - - le, vo - - le,
Ma lé - gè - re gon - do - le,
Sur le ca - nal, sans bruit;
Vo - - - le, vo - - le, vo - - le,
Ma lé - gè - re gon - do - le, Il est mi -
-nuit, Il est mi - - - nuit!

# CHAPÍTRE XIII.

## § 1.

### EXERCICES.

3
4
La
la
la
la

# CHAPITRE XIV.

## § 1.

### DES TRIOLETS ET DES SEXTELETS.

**D.** *La division des notes est-elle toujours faite en deux parties, comme un quart en deux huitièmes, un huitième en deux seizièmes ?*

**R.** Non ; on rencontre souvent des groupes de trois notes formant la valeur d'une seule.

**D.** *Comment désigne-t-on ces notes, et quel est leur nom ?*

**R.** On les désigne par le chiffre 3, et on les appelle **TRIOLETS.**

**D.** *Chaque note peut-elle être divisée en triolets ?*

**R.** Les notes de toutes les différentes valeurs peuvent être divisées en triolets, par exemple :

**D.** *Si l'on double chaque note du triolet, on obtient six notes ; comment désigne-t-on alors ces six notes, et quel nom leur donne-t-on ?*

**R.** On les appelle **SEXTELETS**, et on les désigne par le chiffre 6.

**D.** *Quelle est la différence, pour l'exécution, entre les triolets et l*
*sextelets ?*

**R.** Dans les triolets, on chante les notes trois à trois, et da
les sextelets deux à deux, c'est-à-dire que l'on appuie de préf
rence seulement sur la première note des triolets, par exempl

et, en exécutant les sextelets, on met l'accentuation sur les pr
mière, troisième et cinquième notes, comme :

## § 2.

### EXERCICES.

5
6
7
8

Chantez les exercices suivants tantôt comme triolets et tantôt comme sextelets.

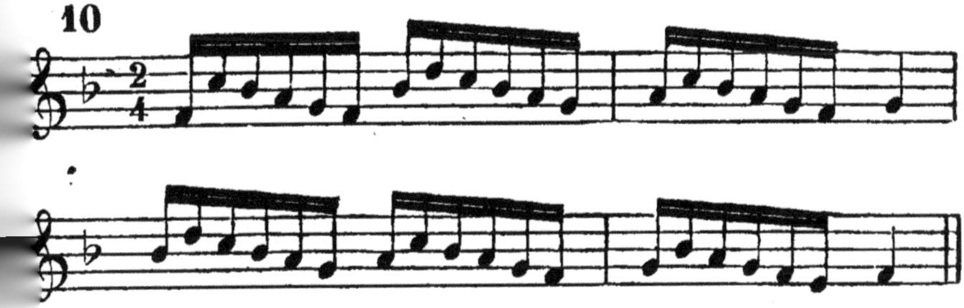

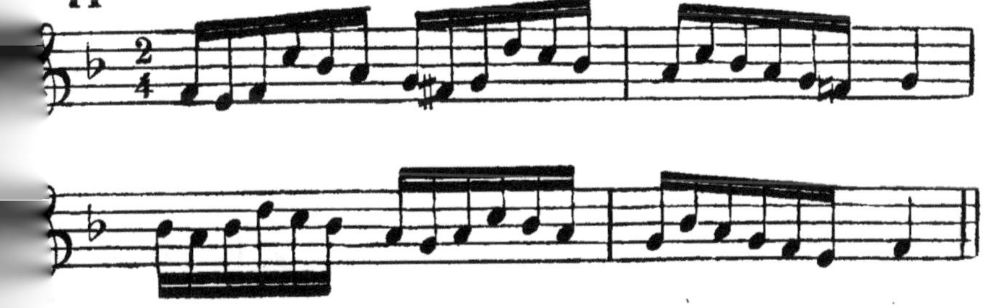

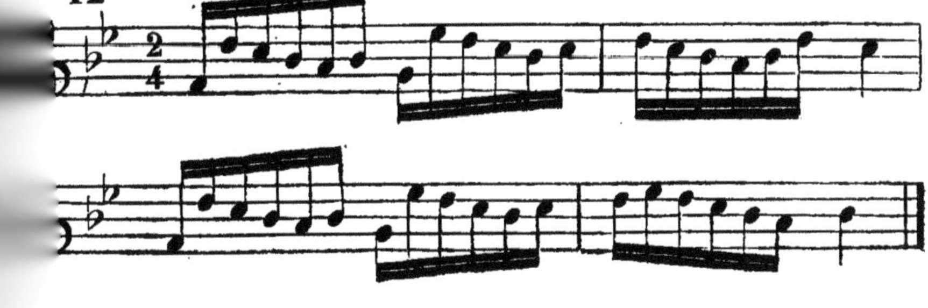

# CHAPITRE XV.

## § 1.

### EXERCICES.

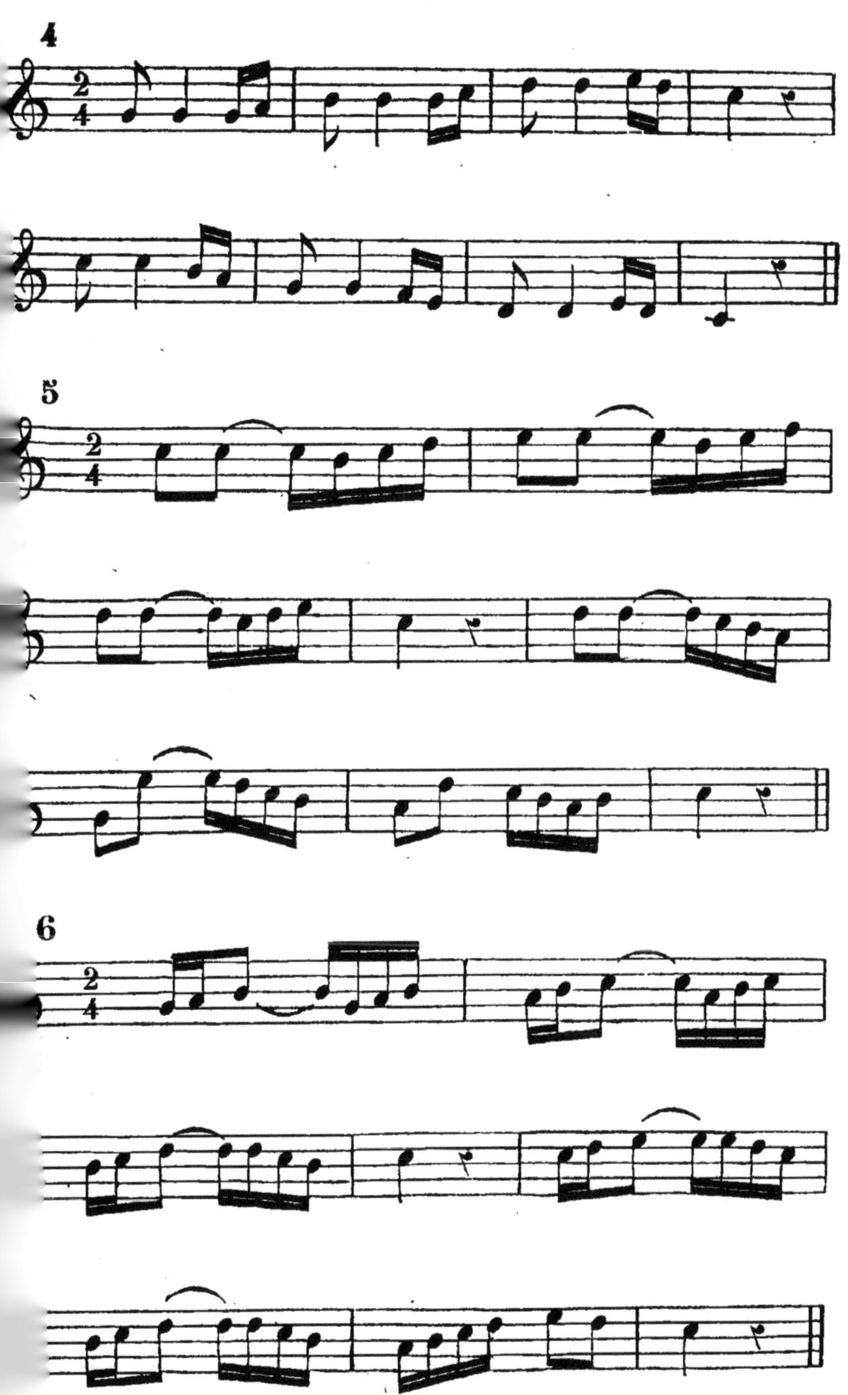

# CHAPITRE XVI.

## N° 1.

## N° 2.

Quand le ma - tin tu vois bril - ler la
ro - se, Son - ge qu'au soir el -
- le n'ex - is - te plus; Un seul mo -
- ment de la beau - té dis - po - se,
On est tou - jours belle a - vec
des ver - tus, On est tou - jours
belle a - vec des ver - - - - tus!

## N° 3.

La po - li - tesse est à l'es -
- prit Ce que la grâce est au vi -
sa - ge De la bon - té du cœur elle est l'i -
- ma - ge, Et c'est la bon - té qu'on ché - rit.

## N° 4.

Le pre - mier des plai - sirs, et la plus bel - le
gloi - re, C'est de pro - di - guer les bien -
- faits. Si vous en ré - pan - dez, per -

- dez en la mé - moi - re; Si vous en re - ce -
- vez, ne l'ou - bli - ez ja - mais.

## N° 5.

Aux pe - tits des oi - seaux Dieu
don - ne la pâ - tu - re, Et sa bon - té s'é -
- tend sur tou - te la na - tu - re,

## N° 6.

Qui sait s'ar - mer de pa - ti -
- en - ce, Por - te sa peine a - vec moins de souf -
- fran - ce, Por - te sa peine a - vec moins de souf - fran - ce.

## N° 7.

# PRIÈRE DU MATIN.

3e COUPLET.

# N° 8.

# PRIÈRE DU SOIR.

# N° 9.

# LA FOI, L'ESPÉRANCE ET LA CHARITÉ.

D'une récompense
A qui fait le bien.

4<sup>e</sup> COUPLET.

Puis, trésor immense !
La Fraternité,
Qui doit sa naissance
A la Charité.

## N° 10.

# LE BON ANGE.

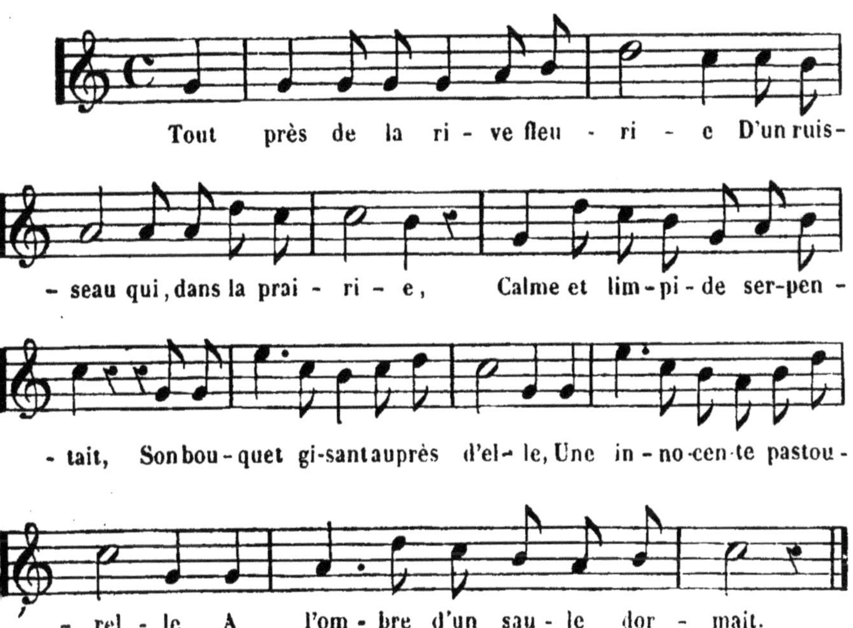


**2.**

A son ame le ciel envoie
D'un beau rêve la douce joie :
Son bon ange elle voit venir,
Le front paré de roses blanches,
Tenant en main de frêles branches,
Fleurs d'azur, fleurs du souvenir.

**3.**

Je suis l'ange de l'innocence,
Dit-il, en ce val de souffrance,
Pour te guider je viens à toi ;
Je veux, sur cette aride plage,
Semer de roses ton passage,
Enfant, mais souviens toi de moi !

# N.º 11.

# L'ÉTOILE DU SOIR.

— 89 —
- miè - re, Flam - beau du soir, Flam - beau du soir.
3e COUPLET.
As - sis sur la le - vé - e, Quand j'ai pri-é le Tout-Puis-
- sant, Je viens guet-ter ton ar-ri - vé - e, Calme et con - tent; Et
puis je crois te voir sou - ri - re; Bon-ne nuit! sem-bles tu me
di - re, Dors, mon en - fant! Dors mon en - fant!
COUPLET.
Mon é-toi-le ché - ri - e, Pen-dant que je vais som-meil -
- ler, Sur ma cou-che, dis, je te pri - e, Veux-tu veil -
- ler? Jus-qu'à l'heure où le so-leil vien-ne Me re-gar-der par la per -
- sien - ne Pour m'é - veil - ler, Pour m'é - veil - ler?

## N° 12.

# LE LEVER DE L'ENFANT.

<table>
<tr><td>

**2.**

Lève-toi, si tu veux poursuivre
L'insecte aux brillantes couleurs ;
C'est l'heure où son réveil s'enivre
De rosée et du miel des fleurs.
Leur essaim bourdonnant s'élance,
Et le papillon, comme un roi,
Dans l'air embaumé se balance.
      Lève-toi ! (*bis*)

</td><td>

**3.**

Lève-toi, n'attends pas les heur
Où le ciel darde tous ses feux ;
Loin du soleil, quoique tu pleu
Alors je relègue tes jeux.
Un pauvre assis à notre porte
Attend une aumône de moi ;
Veux-tu que ta main la lui port
      Lève-toi ! (*bis*)

</td></tr>
</table>

## N° 13.

# LE COUCHER DE L'ENFANT.

<table>
<tr><td align="center">2.</td><td align="center">3.</td></tr>
<tr><td>

C'est le soir; un reste de flamme  
   Va s'éteindre au foyer;  
Et moi, je rappelle à ton ame  
   Dieu pour prier.  
Tu retardes l'heure avancée,  
Tu voudrais, sans sommeil,  
Rester ainsi, sur moi, bercée  
   Jusqu'au réveil.

</td><td>

Enfant, l'oiseau sous les tourelles  
   Rentre au soir dans son nid,  
Il faut aussi ployer tes ailes;  
   Toi, dans ton lit.  
Elevons à Dieu nos louanges,  
   Dieu veillera sur toi;  
Si tu veux ressembler aux anges,  
   Obéis-moi.

</td></tr>
</table>

# N° 14.

# L'ABEILLE ET LE SERPENT.

## PARALLÈLE.

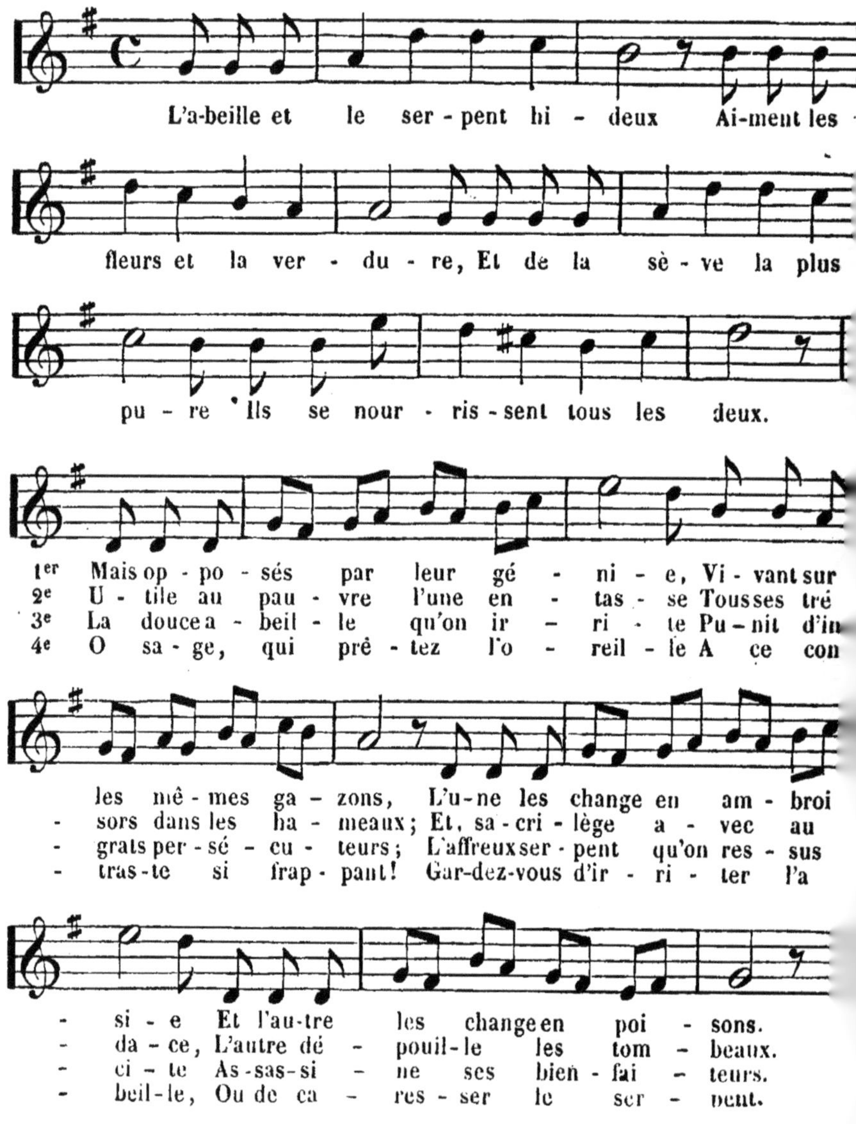

# N° 15.

# LE SEMEUR.

<table>
<tr><td>

**3.**

Injuste et folle plainte !
Allons, subis sans crainte
Sommeil de quelques jours ;
Perçant bientôt la terre,
Tu te dresseras fière
Avec nouveaux atours.

</td><td>

**4.**

La main d'un ami tendre
Viendra couvrir ma cendre
Aussi du froid manteau.
Mais, au jour de lumière,
J'écarterai la pierre
De mon sombre tombeau.

</td></tr>
</table>

FIN.

# TABLE DES MATIÈRES.

**FIN DE LA TABLE DES MATIÈRES.**

www.ingramcontent.com/pod-product-compliance
Ingram Content Group UK Ltd.
Pitfield, Milton Keynes, MK11 3LW, UK
UKHW022041170726
13837UKWH00002B/729